Für Sarah Louise

ISBN 3-88547-513-8

3. Auflage 1989
Aus dem Englischen von
Ulrieke Ruwisch

Die Originalausgabe erschien
unter dem Titel "The idle bear"
bei Lothian Books, Victoria,
Australia

Teddybären unter sich

Robert Ingpen
1986 Gewinner der Hans Christian Andersen Medaille

Coppenrath Verlag Münster

Es raschelte in einer Ecke des Dachbodens. Dann hörte man ein leises Tapsen.
Mäuse?
Oh nein!

„Hallo! Was für ein Bär bist denn du?" fragte Brummel neugierig.
„Oh, hallo . . . Ich bin . . . Ich bin ein vergessener Bär", antwortete Teddy verstört.
„Und wie heißt du?"
„Ich heiße Teddy. Alle Bären wie wir heißen doch Teddy."
Brummel schaute Teddy an, überlegte eine Weile und sagte dann:
„Fein, Teddy. Ich aber heiße Brummel.
Und das schon seit vielen Jahren –
glaube ich."
„Mich gibt es mindestens genauso lange", sagte Teddy hastig.

„Dann sind wir miteinander verwandt!” rief Brummel und tat, als wisse er das bereits seit Jahren.
„Wie kannst du so etwas sagen?” grübelte Teddy und sah Brummel mit großen Knopfaugen an. „Woher willst du das wissen?”
„Oh, ich weiß es eben. Schließlich hat jeder Verwandte, denke ich . . . Auf jeden Fall dort, wo ich herkomme”, sagte Brummel.

„Woher kommst du denn, Brummel?”
„Ich bin aus einer Idee entstanden”, antwortete Brummel stolz.
„Aber Ideen sind doch nicht wirklich, sie sind nur erfunden”, erwiderte Teddy aufgeregt. „Du mußt doch irgendwoher kommen, um wirklich Verwandte haben zu können . . . Du mußt woanders herkommen!”
Das brachte Brummel nun doch etwas durcheinander.

Früher hatte Brummel oft auf dem Bett gesessen und . . .
Ja, jetzt erinnerte er sich wieder: Er konnte von dort hinaus auf die Straße sehen. Waren nicht alle, die zu Besuch kamen, von der Straße hereingekommen? Sicher war auch er irgendwann einmal von dort gekommen.
Deshalb erklärte er jetzt: „Ich komme von der Straße."
„Von der Straße?" staunte Teddy. „Von welcher Straße?"
„Na, eben von der, die ganz nahe an deiner Straße liegt", murmelte Brummel.
„Hm." Teddy sah Brummel unsicher an: „Und was passiert auf der Straße?"
„Das hängt davon ab", überlegte Brummel, nun völlig verwirrt, „das hängt davon ab, was da sonst noch passiert."
Und er dachte: „Vielleicht war es ja tatsächlich so?"

„Oh bitte, erzähl!" bat Teddy und schaute Brummel gespannt an.
Brummel runzelte seine Teddybärenstirn und dachte angestrengt nach.
„Als ich jung war", begann er, „da wurde ich für vielerlei gebraucht – zum Spielen, zum Einschlafen, zum Schmusen . . . Ich war so wichtig, wie ein Teddybär nur sein kann!" Er machte eine Pause und fuhr dann fort: „Später wurde ich dann weggelegt – und wieder hervorgeholt und weggelegt und hervorgeholt und weg . . ."
„Wohin?" unterbrach ihn Teddy.
„In eine Schachtel."
„In was für eine Schachtel? In eine Teddybären-Schachtel?"
Teddy wollte genau wissen, wie es Brummel ergangen war.
„Ich weiß es nicht", sagte Brummel unsicher. „In eine Schachtel eben."
„Oh", flüsterte Teddy. Auch er erinnerte sich nicht gerne an den Tag, an dem man ihn einfach vergessen hatte.

„Kannst du brummen?" fragte Brummel.
„Ach, ich brummte für mein Leben gern! – Aber dann ...", Teddy seufzte traurig, „dann konnte ich plötzlich nicht mehr brummen."
„Ich kann noch brummen", sagte Brummel stolz. „Zumindest glaube ich, daß ich noch brummen kann."
„Du weißt es nicht?" Teddy starrte Brummel entsetzt an. Das mußte ein Teddybär doch wissen!
„Nun, das hängt davon ab", Brummel suchte verlegen nach Worten, „das hängt davon ab, was ich tue. Wenn ich *so* stehe, brumme ich manchmal!" sagte er und stand dabei Kopf, so gut er eben konnte.

Brummel kullerte zurück.
„Es hat etwas mit meinem Bauch zu tun, mein Brummen . . . Aber mehr weiß ich auch nicht", brummelte er und versuchte erneut einen Kopfstand.
„Sehr leise, dein Brummen", meinte Teddy ein wenig eifersüchtig.
„Besser als gar kein Brummen", antwortete Brummel trotzig und probierte es noch einmal. „Früher, als ich jung war, da war ich voller Brummen."

„Ich bin voller Stroh", verkündete Teddy geradewegs. Brummel schwieg. Gut, wahrscheinlich war auch er voller Stroh – wenn sie wirklich miteinander verwandt wären. Aber waren nicht auch Vogelscheuchen mit Stroh gefüllt? Sollte er etwa mit einer Vogelscheuche verwandt sein!? Oh, der Gedanke gefiel Brummel ganz und gar nicht; er ärgerte sich furchtbar darüber.
Mitten in Brummels Gedanken hinein sagte Teddy:
„Hunde."
„Was ist mit Hunden?" fragte Brummel erschrocken.

„Hunde kommen doch von der Straße", meinte Teddy nachdenklich.
„Natürlich", dachte Brummel, und ihm fiel Charly wieder ein. Wann hatte er Charly wohl das letzte Mal gesehen?
„Es muß sehr lange her sein", grummelte Brummel vor sich hin.
„Was?" fragte Teddy.
„Es muß sehr lange her sein, daß ich Charly das letzte Mal gesehen habe . . . Wo er wohl ist?"
„Charly wer?" Teddy brannte vor Neugier. Eine neue Geschichte?
„Charly Wuff, der Hund von nebenan."
„Oh", sagte Teddy und guckte mit seinen blanken Kulleraugen Löcher in die Luft.

Dann fragte Teddy: „Und warum trägst du diesen Verband?" Er betrachtete neugierig Brummels Hand. Brummel schaute traurig auf sein verbundenes Handgelenk.

„Ach, weil meine Pfote kaputt ist", meinte er.

„So wie mein Brummen", tröstete Teddy ihn.

Und Teddy war glücklich: Auch Brummel hatte Fehler!

„Hm", murrte Brummel. Doch dann hatte er die Idee.

„Es gibt mir ein wirklich echtes Aussehen", erklärte er erleichtert.

„Bitte was?" staunte Teddy.

„Der Verband um mein kaputtes Handgelenk”, sagte Brummel.
„Durch ihn”, erklärte er weiter, „bin ich ein wirklicher Teddybär.” Ja, einmal hatte ihn jemand liebevoll gedrückt, ihn bewundernd geschüttelt und dabei begeistert gerufen, er sei ein echter Teddybär.
„Was ist denn ein wirklicher Teddybär?” fragte Teddy.
„Na, einer, der echt ist”, antwortete Brummel schlau.
Teddy guckte ein wenig verstört vor sich hin.
Brummel jedoch war zufrieden – selbst wenn er nicht erklären konnte, was das ist: ‚echt’ . . .

„Ich bin ein vergessener Teddybär", sagte Teddy leise.
„Ja, ich weiß", meinte Brummel. „Du hast es mir erzählt."
„Willst du nicht wissen, was das ist – Vergessensein?"
„Nein", wehrte Brummel ängstlich ab.
„Mein Besitzer hat mich einfach vergessen", erzählte Teddy unbeirrt weiter. „Deshalb bin ich hier – ein vergessener Teddybär."
Eigentlich hätte Brummel gern gewußt, wie das mit Teddy und dem Vergessensein war . . . Sollte er Teddy doch bitten, ihm die Geschichte zu erzählen?
Brummels Herz klopfte so laut wie ein Teddybärenherz nur klopfen kann. Vorsichtig rutschte er näher an Teddy heran . . .

Es war mucksmäuschenstill auf dem Dachboden.
Aber wenn man ganz doll die Ohren spitzte, hörte man ein feines Wispern.
Mäuse?
Oh nein!